Début d'une série de documents
en couleur

LES

HOTELS-DE-VILLE

DE LIMOGES

PAR

Louis GUIBERT

Extrait de l'Almanach limousin pour 1882

LIMOGES

IMPRIMERIE-LIBRAIRIE Ve H. DUCOURTIEUX

7, RUE DES ARÈNES, 7

1882

Fin d'une série de documents
en couleur

LES
HOTELS-DE-VILLE
DE LIMOGES

PAR

Louis GUIBERT

Extrait de l'ALMANACH LIMOUSIN pour 1882

LIMOGES

IMPRIMERIE-LIBRAIRIE Vᵒ H. DUCOURTIEUX

7, RUE DES ARÈNES, 7

1882

LES

HOTELS-DE-VILLE

DE LIMOGES

Le premier privilége que réclamait, au moyen âge, un corps de bourgeoisie en s'organisant, c'était, après le droit d'élire ses magistrats, celui de posséder un Hôtel-de-Ville, une « maison commune ».

L'Hôtel-de-Ville était à la fois le symbole de la commune, le sanctuaire de ses libertés et le principal organe de cette vie locale, si intense et si active autrefois. On y sentait vraiment battre le cœur de la population à travers les âges, et chaque pierre de l'édifice semblait porter, écrite par les événements eux-mêmes, une page de l'histoire de la cité. Là se réunissaient les magistrats chargés non-seulement de l'administration de la ville, mais de sa garde et de sa défense. Là se traitaient toutes les affaires d'intérêt public. Là étaient déposés l'argent et les armes de la commune; son sceau et ses bannières, les chartes seigneuriales et royales qui reconnaissaient ou confirmaient ses franchises, les étalons des poids et des mesures destinés à assurer la fixité et la loyauté des transactions commerciales. Enfin on y rendait la justice au nom des élus du peuple, et les habitants y venaient à certains jours renouveler entre les mains de leurs chefs et le serment d'obéissance aux magistrats de la commune et le serment de fidélité au souverain.

Nous ne chercherons pas à soulever les voiles qui cachent à tous les yeux l'histoire de Limoges avant les grandes invasions : ce serait peine perdue. Notre ville existait; elle avait des monuments qui attestent son importance ; de grandes voies la mettaient en communication avec les centres voisins. Nous savons cela, mais pas davantage. Nos pères purent-ils, à travers la gigantesque débâcle de l'Empire romain, conserver des vestiges plus ou moins considérables de cette autonomie administrative que les Césars, moins jaloux de leur omnipotence que la monarchie centralisatrice du xviiᵉ siècle, avaient laissée aux villes de leurs immenses états, la considérant avec raison comme offrant beaucoup d'avantages pour les citoyens et peu de périls pour le pouvoir central? On l'a dit et nous sommes disposés à le croire; mais ces libertés devaient être bien défigurées, bien amoindries et, après tant de siècles, il ne nous est permis que de soupçonner leur existence sans préciser leur importance ni leur nature.

La ville romaine était étagée le long de la Vienne, entre la Roche au Gué et le Naveix. À l'extrémité N.-E. de cette agglomération, la cité épiscopale se forma autour de l'église de Saint-Étienne, temple païen consacré par saint Martial au culte qu'il était venu prêcher aux habitants de l'Aquitaine. Entourée de murailles dès le viii° siècle, la Cité, dont la population avait été heureuse de se placer sous le patronage direct du chef du diocèse, vit sans doute de fort bonne heure l'autorité du prélat s'étendre aux affaires temporelles et diriger l'action des magistrats municipaux, si même elle ne s'y substituait pas. — Que devint le consulat au xe siècle, lorsque l'évêque Ebles eut, au rapport de nos *Annales manuscrites*, « usurpé » définitivement le pouvoir civil? Nous l'ignorons et nous ne pourrions pas davantage dire de quelles prérogatives les chefs des bourgeois jouissaient deux cents ans plus tard, ni par quelles luttes il les avait conservées ou reconquises. Ce que nous savons, c'est qu'en 1203, la commune de la Cité paraît être en possession d'un Hôtel-de-Ville, qu'elle a un sceau spécial et que ses consuls, au nombre de cinq au moins, exercent une juridiction dont le sceau est alors le signe. Leur intervention donne un caractère authentique aux contrats entre particuliers L'exercice de la police et vraisemblablement la garde des murailles leur appartiennent. Les conflits entre eux et l'évêque, qui n'ont laissé que des traces fort incertaines, sont cependant fréquents et marqués par autant de défaites que de victoires : succès modestes, échecs graves, après lesquels il faut de longues années pour regagner le terrain perdu; mais la commune a la vie dure : si rude que soit le combat, à aucun moment elle n'est tentée de désespérer. Elle existe, et même alors qu'on ne l'aperçoit pas distinctement, on sent sa résistance et on devine son effort. Suivant la constante politique des princes anglais, Henri II et Richard la protègent et favorisent son relèvement. De là, peut-être, les bonnes dispositions, si persévérantes, des évêques pour les rois de France. Ceux-ci, grâce à l'occasion que leur a fournie le crime de Jean Sans-Terre, reprennent une partie des domaines qu'Aliénor a apportés en dot à son second mari. Philippe-Auguste et Louis VIII réunissent la Cité à la couronne, mais ils confirment les privilèges des bourgeois, qui paraissent avoir joui de la plénitude des libertés communales

durant une partie du xiiie siècle, en respectant toutefois l'indépendance de l'évêque, dont la juridiction temporelle s'exerce
à côté de la leur. Quelques empiétements, soit de la part
du prélat, soit de la part des consuls, amènent des conflits.
Grâce à l'appui des officiers royaux, les bourgeois sont sur le
point de faire consacrer leurs prétentions par le sénéchal de
Poitiers, quand l'évêque Raynaud de La Porte détourne l'orage
et hâte le dénouement du procès par des négociations fort habilement menées : pour s'assurer la paisible possession de la moitié
de ses droits, il abandonne au roi l'autre moitié, et un traité
passé à Pontoise, au mois de septembre 1307, entre le prince
et le prélat, proclame le premier co-seigneur de la Cité de
Limoges et établit dans cette ville un pariage, dont Philippe IV
et Raynaud nomment conjointement les officiers. Les droits
des bourgeois sont réservés dans cet acte; mais en quoi consistent ces droits? Le plus précieux, le privilége de justice
dont ils ont longtemps joui, leur est enlevé. Si l'évêque et le
roi ont le tribunal, la prison et la potence, quelle garantie
restera-t-il à la commune pour les franchises qu'on veut bien
lui laisser? N'importe; elle luttera. En 1313, en 1326, ses magistrats tiennent tête aux officiers du pariage. On la voit réclamer sans se lasser, profiter des événements pour ressaisir une
à une ses libertés et il n'est pas impossible qu'après le traité
de Brétigny l'administration anglaise ne les lui ait en grande
partie rendues.

On ne peut dire avec certitude où se trouvait placée la maison commune de la Cité. Elle devait être assez vaste puisqu'on
y pouvait tenir les assemblées générales. C'est, en effet, dans
la maison du consulat qu'en 1303 les habitants sont convoqués pour entendre, en présence de leurs magistrats, les
communications du chantre d'Orléans, clerc du roi, envoyé
par Philippe-le-Bel auprès des divers corps religieux et civils
de la contrée, afin de les engager à adhérer à la demande de
convocation d'un concile œcuménique, qui eût été chargé de
prononcer sur les actes et la personne du pape Boniface VIII.
Nous n'avons au surplus, aucun renseignement sur les dispositions de cet Hôtel-de-Ville. Il est très possible que l'édifice servant aux assemblées municipales fût le même que
celui où les sénéchaux eurent leur tribunal. Or, nous savons
que ce dernier était placé tout auprès de la cathédrale. En
effet, l'évêque et le chapitre se plaignirent à plusieurs reprises
que le bruit des audiences les incommodât et troublât les
offices. En 1286 il est dit que la « cour de la Cité » est contiguë à la tour d'Amblard (1), laquelle se trouvait dans la rue

(1) Il y avait deux tours d'Amblard, une dans la Cité et l'autre dans la ville.

allant de la cathédrale aux Bancs charniers (alors placés dans la rue actuelle de la Haute-Cité). S'agit-il ici de la « cour » de l'évêque, de celle du sénéchal ou de celle des consuls? A ce moment, il ne faut pas l'oublier, ceux-ci ont encore leur juge, leur prétoire et leur prison.

L'établissement du partage royal les dépouilla. nous l'avons dit, de toute attribution judiciaire. Ils purent, à la faveur des guerres du xiv° siècle, reconquérir certaines franchises; mais ils ne réussirent à aucune époque à se faire restituer le droit de justice. Le retour des Anglais, après le désastre de Poitiers, fut favorable au développement des libertés de nos communes; toutefois, pendant que les magistrats du Château de Limoges rentraient en possession de tous leurs priviléges, rouvraient leur cour et se voyaient enfin rendus, après un siècle d'asservissement, à leur ancienne indépendance. la Cité n'obtenait que la reconnaissance de son autonomie administrative.

Quand cédant aux conseils de Jean de Cros, la ville épiscopale ouvrit, le 24 août 1370, ses portes à l'armée française, les consuls firent promettre aux chefs, les ducs de Berry et de Bourbon, le comte de la Marche et le maréchal de Sancerre, que leurs franchises seraient respectées, que le roi leur laisserait la propriété et la garde de leurs murailles, leurs foires. leurs marchés, qu'il leur abandonnerait, avec sa part des droits sur les bois, les cens et rentes appartenant à la couronne et qu'il y ajouterait certaines faveurs. Pour la justice, il n'en fut pas parlé. Peu importait d'ailleurs. Le 19 septembre, vingt-cinq jours à peine après l'entrée des Français, le prince de Galles reprenait la place de vive force et faisait payer cher aux malheureux habitants leur docilité aux suggestions de l'évêque. A la suite de cet événement, la Cité resta ouverte pendant plus de cent quatre-vingts ans, et la population presqu'uniquement composée de journaliers, de pêcheurs et de pauvres gens, n'eut de longtemps ni la cohésion ni la force nécessaires pour relever les institutions communales. — Si profondes pourtant étaient leurs racines qu'elles refleurirent. Un siècle à peine s'était écoulé, que les consuls étaient rentrés en possession d'une partie de leurs droits et jouissaient de certains priviléges et de certains honneurs, malgré leur condition modeste. Le chapitre de la cathédrale, qui eut à se plaindre d'eux en 1480, décida qu'à l'avenir nul ne serait nommé chanoine s'il était issu « de la lignée des consuls ou des sous« consuls de la Cité jusqu'au quatrième degré »; qu'à la mort de ces derniers on ne ferait plus sonner les cloches et qu'ils ne seraient pas enterrés dans l'église cathédrale. Les nécessités de la défense commune amenèrent un rapprochement: en 1544 le même chapitre dut s'adresser aux officiers municipaux alors en charge; afin d'obtenir la réédification des murailles; il offrit de contribuer à la dépense et l'évêque de son côté paraît en avoir payé sa part. L'autorisation du roi qui était nécessaire pour ces travaux fut accordée en 1552 aux consuls. Ils étaient donc encore, à cette date, considérés comme ayant la garde de la ville et l'entretien des remparts.

Ces nouvelles fortifications devaient être bientôt renversées. Les habitants de la Cité embrassèrent avec ardeur la cause de la Ligue et jouèrent un rôle actif dans la prise d'armes du 15 octobre 1589 : grâce à la vigoureuse attitude des consuls du Château, et en particulier du président Martin, la tentative des ligueurs fut réprimée, les deux cantons de la ville favorables à l'Union, Boucherie (1) et Lansecot, tenus en respect, et les instigateurs de l'émeute sévèrement punis. Plusieurs furent condamnés à mort et exécutés. Un assez grand nombre bannis. On pilla les maisons des citadins et peu après les consuls du Château profitèrent d'une alerte pour jeter à bas leurs murailles : elles ne devaient plus être relevées.

Ce que fut alors le consulat de la Cité, il est assez difficile de le dire. Peut-être resta-t-il électif; l'évêque néanmoins dut jouer un grand rôle dans le choix des magistrats, que leurs attributions et leur position personnelle ne mettaient pas fort au-dessus de syndics de villages et qui n'étaient guère chargés que de la collecte des tailles. Ils n'avaient plus ni sceau, ni officiers, ni insignes : ils ne portaient même plus le nom de consuls. Leur nombre avait été réduit, on ne sait à quelle époque. Il n'existait dans la Cité aucun local particulier pour la tenue des assemblées de ville. A quoi bon? au surplus, puisqu'on n'en convoquait pas. Les dédains dont les pauvres consuls étaient l'objet de la part des chefs de la bourgeoisie du Château, riches marchands, magistrats ou hommes de finance, finirent par piquer l'amour-propre de l'évêque lui-même. Mgr de La Fayette chercha à rehausser leur modeste charge en y appelant des titulaires d'un rang social un peu plus relevé. Le même prélat fit reconstruire en 1662, à peu de distance de son ancien emplacement et derrière le chevet de la cathédrale, le bâtiment du pariage, où une salle fut réservée pour les réunions des consuls et des habitants.

Cent ans plus tard, en 1768, les maire et échevins de la Cité firent reconstruire ce petit édifice et il servit aux assemblées municipales jusqu'aux derniers jours de l'année 1792, époque à laquelle les deux villes de Limoges furent définitivement réunies après avoir, durant neuf ou dix siècles, vécu séparées, et éprouvé des destinées très diverses.

(1) Rue du Collége et ruelles adjacentes.

Une partie des constructions qui masquaient le chevet de Saint-Étienne et qu'on a jetées à bas en 1880, avaient appartenu à l'Hôtel-de-Ville de 1662 et de 1768.

A deux ou trois cents mètres de la Cité, autour du tombeau de l'apôtre d'Aquitaine, quelques maisons s'étaient groupées dès une époque fort éloignée de nous, pour recevoir les pèlerins et probablement aussi tirer parti de leur passage au profit de certaines branches de commerce. Le nombre des pèlerins était considérable et l'affluence énorme à certaines fêtes. Le bourg de Saint-Martial grandit sous le patronage de l'abbé qui gouvernait le monastère. Bientôt le moment sembla venu aux habitants de s'organiser, à l'exemple de leurs voisins de la Cité.

Nos *Annales manuscrites* n'exagèrent peut-être pas en faisant remonter cette organisation à l'an 929. Toutefois on ne connait pas de titre où les consuls du bourg ou château de Saint-Martial soient catégoriquement désignés avant le commencement du douzième siècle. Sous l'abbé Amblard, 1116-1143, ils sont chargés, d'après les chroniques du monastère, de construire l'enceinte de remparts et de fossés qui doit remplacer les anciennes fortifications probablement très rudimentaires, de la plus récente des deux agglomérations limogiennes. Ne serait-ce pas à cette époque, et non comme le disent nos chroniqueurs, un demi siècle plus tard, que le Château de Limoges s'agrandit et engloba à peu près tout l'espace que son périmètre devait comprendre jusqu'à la Révolution? Nous ne serions pas éloigné de le croire, bien que nous ne puissions appuyer cette opinion d'aucun document.

Au commencement du douzième siècle, l'organisation de la commune était déjà complète, et les habitants du Château jouissaient des privilèges les plus étendus. Ils étaient notamment en possession du droit de justice, qu'ils exerçaient sur les personnes et les choses non seulement de la ville, mais des bourgs qui en dépendaient; quelques titres fort curieux en fournissent la preuve. Un acte du cartulaire de Saint-Étienne montre l'évêque Eustorge plaidant en 1127, contre Boson de Forcellas (Corcellas?) au sujet du Mas du Doyenné ou du Doyen, situé auprès de l'église de Saint-Paul-hors-les-Murs. Le procès est porté devant « les bourgeois du Château » qui, après avoir entendu les dires de l'une et de l'autre parties, condamnent l'évêque à payer quarante sous de monnaie barbarine.

Aucun document ne nous apprend dans quelle partie de la ville siégeait ce tribunal. Il est douteux que le passage, si souvent cité, d'un registre de la connétablie de Bordeaux et relatif à la tenue des assises ou assemblées de « ceux de Limoges » devant les portes de l'abbaye de Saint-Martin ou dans le cimetière de Saint-Michel, ait trait à ces plaids bourgeois et nous ne savons dans quel endroit s'assemblèrent les magistrats de la Commune jusqu'en 1229 ou 1230. A partir de cette époque, nous pouvons suivre quelques-unes des étapes successives qu'ont parcourues nos lares municipaux, avant d'être provisoirement logés dans l'ancien hôtel de La Bastide où ils attendent avec patience leur translation dans le nouveau palais de la commune, leur sanctuaire et reposoir définitif, il faut l'espérer.

D'après M. Maurice Ardant, la maison que les Templiers occupèrent à Limoges lorsqu'ils s'y établirent, probablement vers le milieu du douzième siècle, avait été auparavant l'hôtel de la Commune. Aucun document connu ne nous autorise à accepter cette indication qu'un seul ouvrage (*Limoges et Limousin*) a donnée et nous avons tout lieu de la croire inexacte.

Sous l'administration de Raymond, qui gouverna le monastère de Saint-Martial de 1226 à 1245, les consuls du Château construisirent le premier Hôtel-de-Ville dont nous connaissions d'une manière certaine l'emplacement. Cet édifice était auprès de la « basilique » de l'abbé Isembert, au dessous du cimetière du cloître, et son mur s'appuyait sur la vieille muraille de ce cimetière.

Quel est au juste le bâtiment que l'acte d'où nous extrayons ces renseignements désigne sous cette dénomination de « basilique d'Isembert » ? Il n'est pas facile de le préciser. D'après Legros il s'agirait soit de la chapelle de Saint-Crépin, soit de celle de Saint-Benoît. A notre avis, il ne saurait être ici question que de cette dernière, construite très certainement par Isembert et accolée à l'église du Sépulcre, du côté du cimetière, ou peut-être de la chapelle de Saint-Raphaël, murée au dernier siècle. Quoiqu'il en soit, la maison commune dont il s'agit se trouvait à peu de distance de la rue Saint-Nicolas actuelle, peut-être un peu en arrière des terrains occupés aujourd'hui par l'immeuble Marbouty, n° 6 de la place Fournier, ci-devant petite place Saint-Martial. — L'emplacement de ce premier Hôtel-de-Ville serait certainement compris dans un parallélogramme dont l'un des côtés serait formé par le côté droit de la place Fournier, entre la rue Saint-Nicolas et l'extrémité de l'annexe Est du théâtre ; le second par l'axe de la rue Saint-Nicolas, prolongé de 5 ou 6 mètres sur la place de la République (ex-Royale), et les deux autres déterminés par des lignes menées à l'intérieur de cette dernière place, parallèlement aux deux premiers. L'édifice, on le voit, était à bien peu de distance de l'endroit où, cinq cent cinquante ans plus tard, on devait jeter les fondements d'un Hôtel-de-Ville qui n'a pas été achevé.

Notre première maison commune n'était pas une construction légère, mais une bâtisse solide, puisque ses murs furent faits de pierres et que les consuls prenaient, vis à vis de l'abbé et du couvent, dans les derniers jours de février 1229 (1230, nouveau style), des engagements établissant qu'ils comptaient sur la durée de leur œuvre. Elle devait avoir d'assez grandes dimensions, puisqu'outre la salle des délibérations du consulat, elle renfermait les locaux nécessaires pour le dépôt des armes de la commune et des étalons des poids et des mesures, les réunions du conseil des *Prud'hommes de l'hôpital*, les élections, et peut être les audiences. Toutefois cet Hôtel-de-Ville, ou le bâtiment qui le remplaça, était insuffisant pour abriter les grandes assemblées populaires : un texte de 1303 le dit expressément. Celles-ci avaient lieu dans l'église de Saint-Pierre-du-Queyroix, soustraite dès le ixe siècle à la juridiction de l'abbaye de Saint Martial, desservie par une société de prêtres, enfants de la ville, qui affirmaient leur solidarité avec la commune en ne tenant pas compte des excommunications lancées par l'évêque contre les bourgeois, sonnant leurs cloches et célébrant leurs offices au mépris de l'interdit épiscopal. A Saint-Pierre, les citoyens pouvaient délibérer avec une entière liberté : Dieu seul présidait à leurs débats et le respect du saint lieu modérait l'ardeur de la discussion. On sait qu'en 1182, les habitants du Château s'étaient réunis dans la même église pour prêter, à l'instigation de leur vicomte, serment de fidélité à l'aîné des fils de Henri II, celui que nos chroniques et nos troubadours appellent le jeune roi, « lo rey jove ».

Les consuls occupaient encore, au milieu du xve siècle, un édifice appelé la tour de Bon-An, situé sur le même emplacement que l'Hôtel-de-Ville de 1230. Mais les textes qui, de 1370 à 1488, mentionnent cette construction, ne la désignent pas une seule fois sous le nom de *Consulat*, ou *Maison Commune;* ils ne l'appellent jamais que *la Cour* ou *l'Auditoire* des consuls, c'est-à-dire le lieu où ils rendaient la justice ou plutôt où on la rendait en leur nom. Il y a donc lieu de croire que les magistrats de la bourgeoisie avaient transféré ailleurs le siége de l'administration et l'arsenal de la ville.

Quelle fut la cause et la date de ce transfert? Peut-être l'abbaye avait-elle soulevé quelque prétention de nature à obliger la commune à chercher ailleurs un abri. Peut-être les nécessités de la guerre avec le vicomte Gui VI et sa veuve, avaient-ils contraint les bourgeois à établir le siége du consulat dans un endroit plus sûr, plus habité, plus facile à défendre, et moins voisin de l'abbaye de Saint-Martial. Où bien l'incendie de 1255, qui brûla une centaine de maisons dans les rues Saint-Nicolas, de Beauvais, du Clocher et du Temple, avait-il dévoré l'Hôtel-de-Ville, sur l'emplacement duquel les bourgeois auraient fait plus tard bâtir leur prétoire. Toujours est-il qu'au mois de mai 1271, la maison du consulat est sise dans la rue du Fossé et contiguë à l'habitation d'Etienne Guanhart et à ses dépendances (1).

Deux rues à Limoges — elles n'en faisaient probablement qu'une autrefois, — ont porté ce nom de rue du Fossé (*rua de Fossato*) : la rue *des Fossés*, située dans le prolongement des rues de Paris et Croix-Neuve, et dont une récente et regrettable fantaisie municipale a effacé le nom du catalogue de nos voies publiques, — et la rue de Beauvais ou de Joumar (appelée aussi d'Enfer), aujourd'hui fermée, et qui, dessinant la primitive enceinte du Château, allait de l'hôpital Saint-Martial — Monnaie, caserne des Pompiers — au carrefour de Bernard Mayne — andeix de Beauvoir et extrémité de la rue Basse-Croix-Neuve.

Privés, comme leurs voisins de la Cité, de toute prérogative de juridiction à la suite de la guerre contre la vicomtesse, par la sentence arbitrale des frères de Maulmont, qui reçut, au mois d'avril 1275, l'approbation du roi Philippe III, les consuls du château virent pendant un siècle l'Hôtel-de-Ville, occupé par le vicomte et son prévôt, ne s'ouvrir devant les magistrats de la ville que par la permission du lieutenant du seigneur et sous d'humiliantes conditions. La « maison du consulat », avait déclaré la sentence d'arbitrage, « était la propriété de la vicomtesse», et les bourgeois ne pouvaient s'y assembler quand elle s'y trouvait ou qu'un personnage d'importance l'occupait en son lieu et place.

Les chefs de la commune avaient cependant conservé une très grande partie de leurs attributions : ils nommaient directement, en 1308, leur délégué aux Etats généraux ; ils faisaient réparer les murailles et exerçaient leurs anciennes fonctions de police sous le contrôle, il est vrai, et l'autorité du prévôt du vicomte ; ils avaient même des armes, puisqu'en 1346, ils envoyaient au comte d'Ailly, assiégeant Auberoche, quatre gros engins de guerre. Mais leur nombre avait été, de douze, réduit à dix, et cinq seulement d'entre eux étaient désignés par les suffrages de leurs concitoyens; au seigneur appartenait le choix des autres. Encore le consulat, ainsi composé, et qui n'avait plus l'appui et le concours efficace

---

(1) C'est à l'obligeance de M. E. Beaure-d'Augères que nous devons la connaissance de ce fait révélé par un acte du fonds de Saint-Martial, aux archives de la Haute-Vienne (article 5729 du classement provisoire).

d'un conseil de ville — la sentence des Maulmont avait aboli le corps des *Prud'hommes de l'hôpital* — ne pouvait délibérer que sur la convocation et en présence du juge ou prévôt du suzerain.

Les démêlés des vicomtes avec les abbés de Saint-Martial, qui réclamaient sans se lasser l'hommage de ces seigneurs pour le Château de Limoges, jadis donné au monastère, s'il fallait les en croire, par le fils de Charlemagne, créèrent une diversion, favorable sans doute aux bourgeois, mais dont ils ne paraissent pourtant pas avoir retiré de très grands avantages. Que les gens de Jacques de Calaure ou de Pierre de Saint-Vaury s'emparassent de l'Hôtel-de-Ville et y tinssent leurs assises, les consuls n'en recouvraient pas pour cela leurs antiques priviléges, et ils demeuraient de simples justiciables là où ils avaient siégé comme juges.

Le désastre de Poitiers rétablit en Limousin la domination anglaise. Nulle commune ne tira plus de profit des malheurs de la France que celle du Château de Limoges. Quatre ans à peine s'étaient écoulés depuis le traité de Brétigny, et elle avait déjà reconquis, dans toute leur plénitude, les libertés qu'elle avait perdues cent ans auparavant : elle élisait directement ses consuls ; elle se gouvernait elle-même ; elle avait enfin son tribunal et son juge. Le 5 décembre 1365, le sénéchal anglais, Thomas de Rooz, se transporta en grande pompe à l'Hôtel-de-Ville, enfin rendu aux bourgeois ; en présence des douze consuls et d'une nombreuse assemblée, il ordonna de lui lire les coutumes et les lettres patentes du prince Edouard confirmant les priviléges des habitants ; puis il fit asseoir un des élus, Etienne Ruaud, sur le siége du juge, et le mit en possession de la juridiction du Château et châtellenie de Limoges, de la maison du consulat, des bancs charniers et de ceux où l'on vendait le pain. Les bourgeois avaient-ils, comme l'assurait plus tard l'abbé de Saint-Martial, acheté à prix d'or du fils aîné du roi d'Angleterre la restitution de leurs priviléges, au mépris des droits des vicomtes et du monastère? Peu importe. Une ère nouvelle commençait pour la commune. Elle allait subir de rudes assauts, traverser de terribles événements ; mais son indépendance lui était rendue et le dévouement, pas plus que le courage, ne manquait à ses membres. Ils se laissèrent gagner — après mûres réflexions, on peut le croire, — au grand mouvement qui entraînait les villes de la région vers la cause française, et sans être épouvantés de la vengeance que le prince de Galles venait de tirer de la trahison de la Cité, on les vit ouvrir, à leur tour, leurs portes à l'armée du maréchal de Sancerre ; mais ils ne le firent qu'après avoir obtenu les plus formels enga-

gements de Charles V. Celui-ci promit, non-seulement de
respecter leurs libertés, mais encore de les garantir contre
les entreprises de l'abbé de Saint-Martial et de donner une
compensation à la veuve de Charles de Blois, vicomtesse de
Limoges; ce qui ne l'empêcha pas de rendre un peu plus
tard à celle-ci les droits qu'il lui avait achetés et de livrer de
nouveau les bourgeois aux revendications des vicomtes.

Revenons à la maison commune; pendant les guerres des
xive et xve siècles, elle fut le théâtre de bien des scènes sin-
gulières ou terribles. Jamais elle n'en vit d'aussi dramatique
que le jour où un magistrat, traître à la ville à laquelle il devait une généreuse et confiante hospitalité, y fut amené, sur
l'ordre de ses collègues, pour répondre à l'accusation qui
pesait sur sa tête. Gautier Pradeau dit Roy, menacé de la tor-
ture, confessa son crime et eut la tête tranchée au pilori de
la place des Bancs. Son corps fut coupé en quatre quartiers,
qu'on exposa au-dessus des quatre grandes portes de la ville.
Une procession annuelle, à laquelle prenaient part le clergé
de Saint-Pierre, de Saint-Michel et certaines confréries, con-
serva, pendant près de trois siècles et demi, jusqu'en 1770,
le souvenir de son châtiment avec celui de son crime.

Que, de 1271 à 1480 ou 1490, l'Hôtel-de-Ville soit resté
dans la rue du Fossé, ou que le siége du Consulat ait été
transporté dans une autre partie de la ville, il est certain que,
dans les dernières années du xve siècle, cet édifice fut abandonné par les magistrats municipaux. La tour de Bon-An qui,
nous l'avons dit, servait peut-être de maison commune en
même temps que de prétoire, tombait littéralement en ruines
à cette époque. On fit l'acquisition d'une grande et d'une petite
maisons contiguës, avec un assez vaste emplacement en dépendant, le tout sis rue de Fongroulen, pour y installer tous
les services de la ville. Il est difficile de préciser la date de
cette translation. Nous la croyons antérieure à 1487. Dès 1510,
la tour de Bon-An, l'auditoire et la geôle n'existaient plus.
La ville accensa leur emplacement aux bailes de la confrérie
du Saint-Sacrement de Saint-Pierre, en se réservant toutefois
le droit de le reprendre si elle en avait besoin, « comme pour
» édifier maison pour les escolles ou autrement ».

La nouvelle maison du Consulat laissait fort à désirer sous
le rapport de la solidité. Dès 1528, une délibération des consuls la représente comme étant en danger de tomber et
réclamant d'urgentes réparations. Vingt ans auparavant, on
avait fait « la menuiserie et les vitraux » de la salle d'au-
dience et on l'avait pavée. A diverses époques, comme en font foi
nos registres consulaires, on y exécuta des travaux d'une cer-

taine importance. La ville était gênée et les locaux trop vastes pour ses besoins; aussi ne s'en réservait-elle qu'une partie et affermait-elle le reste à des particuliers. Jean Moret (Mouret?) et Martial Benoist, qui occupaient déjà les lieux, renouvelèrent, en 1529, leur bail pour cinq années.

En 1619, en 1695, les registres de la commune nous représentent de nouveau l'Hôtel-de-Ville comme à demi ruiné. A cette dernière date, une des deux grandes pièces du rez-de-chaussée est complétement inhabitable. Un procès-verbal du 9 mai 1710 constate qu'il existe deux brèches dans le mur qui ferme la cour du côté de la rue, que les créneaux couronnant ce mur, déjà endommagés par le temps, ont été renversés par la chûte des deux maisons d'en face. Le pavé de la cour est défoncé. Le plancher de la grande salle, brisé par les chevaux des officiers de recrue, qui entrent dans l'hôtel et y laissent des traces de toute espèce de leur passage. Les siéges sont cassés; les ouvertures n'ont pas de vitres, quelques-unes pas de fenêtres. L'arsenal ne présente pas un spectacle moins honteux. Bref, l'Hôtel-de-Ville tombe en ruines comme la Commune elle-même dont il offre la mélancolique image.

Que de documents précieux, d'inestimables reliques de notre passé municipal conservaient au xvi⁰ siècle les deux uniques pièces — la chambre du Conseil et la grande salle — qui formaient alors, avec quelques dépendances, tout l'Hôtel-de-Ville du Château. C'étaient le « livre rouge » et le « grand livre noir » qu'une chaîne attachait à la table et qui ne devait pas être déplacé; les vieux manuscrits des annales de Limoges qu'une main infidèle déroba et sur lesquels ont été vraisemblablement faites les diverses copies conservées jusqu'à nos jours; les titres et chartes de la Commune, ses archives, ses privilèges que Mathieu Benoist garda longtemps en dépôt dans une pièce voûtée de sa maison des Bancs; les petits cachets d'argent et les grands sceaux de la ville; la masse du Consulat qu'aux heures de gêne, en 1541, par exemple, on fut obligé de mettre en gage; les bannières, parmi lesquelles figurait le vieil étendard que portait « l'homme à cheval » à la procession faite, le 27 août, en mémoire de la découverte du complot ourdi contre l'indépendance du château par Jean de Laigle et le consul Gautier Roy; les armes et équipements de toute espèce; une partie des munitions et de l'artillerie, dont le surplus était placé dans quelques-unes des tours; et les ornements des jours de fête, le poêle sous lequel les rois faisaient leur entrée, les torches, les écussons aux armes de la ville; et les robes, mi-parties rouge et bleu, des capitaines et des valets de la Commune; et les marques consulaires, enfin, les insignes des élus, chaperons rouges et jupes noires, qu'il fallut vendre avec tout le reste pour donner du pain aux pauvres lorsque vinrent les jours noirs de la famine, précédant les jours plus noirs encore de la Révolution.

Il est impossible de rappeler ici toutes les scènes dont ces murs furent les témoins. L'élection des consuls n'était pas toujours paisible : elle fut, plus d'une fois, signalée par des émeutes. Les guerres de religion transformèrent à plusieurs reprises en champs de bataille la ville et ses environs. Plus d'un consul fit son devoir au risque de sa vie; plus d'un capitaine de la milice bourgeoise révéla, comme Pierre Vouzelle, des talents militaires distingués. — A l'Hôtel-de-Ville furent tenus les Grands Jours de 1542; les Etats du Haut-Limousin s'y réunirent. — A l'Hôtel-de-Ville siégeaient les commissions extraordinaires créées en temps de peste ou de famine. — A l'Hôtel-de-Ville, en 1562, on vendit aux enchères, en présence du gouverneur, les joyaux et l'argenterie des églises, des confréries, des couvents. pour en employer le prix aux frais de la guerre contre les réformés.

Enfin, le 29 avril 1602, le président Jambeville, envoyé à Limoges après la sédition causée par l'impôt du sol pour livre, cassa séance tenante les consuls en charge. leur fit déposer leurs insignes sur la table des séances et leur désigna des remplaçants qui furent contraints d'accepter. Ce jour marque la ruine des libertés communales de la ville de Limoges. Ce que n'avait pu faire à main armée la maison de Bretagne; ce que le Parlement, en 1514, n'avait pas osé concéder au roi de Navarre, la royauté va l'accomplir paisiblement, sans rencontrer beaucoup de résistance. Les bourgeois sont las de la guerre civile, et leurs richesses leur font désirer le repos, même au prix de leurs plus chères franchises.

En 1542, de la fin d'août au commencement de novembre, les consuls durent abandonner l'Hôtel-de-Ville aux magistrats du Parlement pour la tenue des grands jours et transférer provisoirement le siège de leurs réunions dans la maison de l'un d'eux, Martial Du Boys, sise « au devant la fontaine de la claustre de Saint-Martial », dans l'île circonscrite entre les rues de La Courtine, des Taules, Saint-Martial et la place Fournier.

L'Hôtel-de-Ville s'ouvrait sur une cour intérieure, pavée, et qu'un mur couronné de créneaux fermait du côté de la rue du Consulat — la rue Fontgrouleu avait pris ce nom vers le milieu du XVIe siècle. — Un large portail y donnait accès. La porte massive était garnie de gros clous à tête carrée ; on y avait pratiqué un guichet pour faciliter l'office du concierge. — Devant cette porte, on déposait quelquefois, en le portant à l'église, le cercueil des consuls décédés pendant l'année de leur charge. En 1776, aux obsèques de M. Juge de Laborie, maire de Limoges, le cortége fit une station devant l'Hôtel-de-Ville.

Jusqu'à la fin du XVIIe siècle, le rez-de-chaussée se composa seulement d'une salle obscure et basse, de vingt pieds de long sur huit de large, servant de chambre du conseil, et d'une grande pièce mal close : là se réunissaient les habitants dans les occasions importantes où les magistrats convoquaient l'assemblée générale de la Commune. L'un ou l'autre de ces locaux servait d'arsenal suivant les circonstances, la quantité des armes et l'état de l'édifice. — Presque tout le premier étage avait été cédé, dès 1682, au Tribunal des marchands ou de la Bourse, institué par deux édits de Charles IX, et qui, après avoir tenu ses premières réunions dans le « bastiment » des de Julien, était venu, depuis longtemps déjà, demander un abri au Consulat; les juges de la Bourse jouissaient d'une grande salle et de quelques dépendances, à la charge d'entretenir la toiture et les appartements qu'ils occupaient.

Les bâtiments du Consulat furent en partie reconstruits entre 1710 et 1713. On y dépensa 2,500 livres, sans les améliorer beaucoup. L'ancienne salle des assemblées générales, qu'on qualifiait alors d'arsenal et qui se trouvait presque en face de l'entrée, devint la chambre du conseil. On l'orna d'une cheminée de pierre de taille, au-dessus de laquelle fut placé un portrait du roi « au naturel » dans une « grande bordure dorée à la romaine ». On y ajouta, un peu plus tard, le portrait de d'Aguesseau, dont le fils du chancelier fit don à la ville. Il fut question, en 1778, d'y joindre ceux de Turgot, de d'Aine et d'autres bienfaiteurs de Limoges. Le bureau du receveur, qui était au fond de la cour, le long de la venelle aboutissant à la rue Cruchedor, sur la terrasse où l'on voulut plus tard construire la caserne du guet, fut transféré dans les dépendances du bâtiment principal. En 1786, l'artillerie fut transportée sous un hangar, à la Pépinière (emplacement actuellement occupé par le bureau de bienfaisance, les sœurs de Charité, la propriété Fournier et la Banque). La grande salle, qui communiquait directement avec la chambre du conseil, s'étendait sur un côté de la cour et avait deux fenêtres sur la rue du Consulat. Elle était ornée de peintures à fresque dont on reconnaît quelques vestiges sur le mur intérieur d'une cour, derrière la maison Disnematin de Salles. On y avait fait exécuter, « de la main d'un bon peintre », un ange de grandeur naturelle, supportant les armes de la ville. — Au XVIIe siècle, cet ange figure sur le sceau municipal. — A droite du motif principal, on voyait les armoiries du maire, à gauche, celles du lieutenant de maire, ensuite celles du procureur du roi, puis celles des consuls en charge. Chaque année, on ajou-

tait à cette galerie les blasons des magistrats nouveaux. Ces
écus se détachaient sur une bande d'azur de deux pieds de
largeur qui faisait le tour de la salle; ils ne devaient avoir
d'autre ornement que quelques rinceaux sur lesquels on
inscrivait la date de la nomination.

Le premier étage était, comme on l'a dit, en grande partie
occupé par la salle où la Bourse tenait ses séances. Cette salle
était ornée des portraits de plusieurs anciens juges et on y
voyait une inscription rappelant un arrêt obtenu, en 1678, par
les commerçants, à l'encontre des prétentions du corps municipal.

Sur le vestibule s'ouvraient deux chambres qu'une assemblée de ville céda, le 27 janvier 1744, aux juges de commerce,
à la condition qu'ils les entretiendaient « ainsi que le clocher »
et laisseraient « un passage pour aller à la cloche appartenant
à la ville ». Cette cloche était l'ancien tocsin de la porte
Manigne, qu'on avait transporté avec son beffroi à la maison
commune, longtemps avant la démolition de la tour, peut-être
vers 1713, Elle fut plus tard, dit-on, vendue aux religieuses
des Allois.

Peu après, les juges et les syndics des marchands trouvè-
rent un excellent moyen de se débarrasser d'une partie des
dépenses auxquelles les astreignait l'occupation de ces locaux :
ils cédèrent les deux pièces dont il vient d'être question, par
contrat du 13 mars 1744, aux « directeurs et conseillers du concert, pour l'usage du concert, assemblées et autres amuse-
ments », moyennant 600 livres. Cette société musicale
n'existait plus ou avait abandonné le local en 1758. Peu après
des amateurs formèrent une troupe de comédie et obtinrent
la jouissance du vestibule et de ses dépendances, pour y établir un théâtre. Ils y firent exécuter, sous la direction d'un
officier du régiment de Clermont-Prince, M. de Luxémont,
tous les aménagements nécessaires pour des représentations.
La salle était éclairée par deux lustres de cristal, chauffée par
un poêle en fonte. La scène, élevée de quelques degrés, avait
un rideau bleu aux armes du roi. Des châssis de bois soute-
naient des décors en toile peinte, doublés de papier. Rien
ne manquait : on trouvait, en entrant dans la salle, à droite,
la loge du confiseur.

Tous ces aménagements furent cédés à la ville quelque
temps après, moyennant le remboursement de la somme de
310 livres, à laquelle s'étaient élevées les avances de la société.
Turgot approuva cette acquisition « sous la condition que le
« théâtre subsisterait pour l'usage du public sans pouvoir être
détruit ». L'installation en effet fut conservée, et à plusieurs
reprises des amateurs ou des troupes de passage donnèrent à
l Hôtel-de-Ville des séries de représentations très suivies.

On accédait au premier étage par un grand escalier extérieur, que séparait du bâtiment principal la petite maison où logeait le concierge et qui par suite contournait celle-ci.

Derrière la grande salle et la chambre du conseil, s'étendait un petit jardin formant quatre carrés divisés par deux allées en croix. Une petite charmille ou cabinet et une table de pierre complétaient l'aménagement. Un hangar, dans un coin, servait de latrines et de décharge. — Le long du jardin passait la venelle par où, lors de l'émeute dite des *Verrouillats*, en 1591, les consuls firent filer les soldats qui allèrent occuper les deux extrémités de la rue du Consulat et cernèrent ainsi les séditieux.

L'Hôtel-de-Ville, à la fin du dix-huitième siècle, était, malgré les travaux de 1710, dans le plus triste état, et tellement délabré que les propriétaires voisins avaient fait signifier des actes à la Commune pour se ménager, en cas d'accidents prévus, des droits plus incontestables à une indemnité. L'intendant, M. Meulan d'Ablois, pressait le corps municipal de prendre une résolution que Turgot avait vainement sollicitée. Le maire et les échevins reconnaissaient qu'il était impossible d'habiter plus longtemps la maison commune et que l'insuffisance de son emplacement et l'incommodité de ses abords leur interdisaient de songer à une réparation ou à une reconstruction sur place : le 4 juin 1777, ils l'avaient proclamé dans une délibération rendue publique, et ils avaient obtenu, le 13 août suivant, un arrêt du conseil d'État les autorisant à vendre l'ancien Hôtel-de-Ville et à acheter, pour y installer le siège de leur administration, la maison occupée par le Bureau des finances en face de l'hôtel de l'Intendant. Mais ce bâtiment se lézarda avant que la vente fût consommée et on dut abandonner le projet. La nécessité de construire un nouvel édifice en rapport avec l'importance croissante de la ville et les exigences des services s'imposait au corps municipal ; toutefois celui-ci reculait devant les sacrifices que cette construction allait l'obliger de demander à ses concitoyens. On était alors autrement ménager qu'aujourd'hui de l'argent des contribuables ; il faut même convenir que cette louable économie fut parfois poussée à l'excès. Nous sommes loin, on en conviendra, de ces temps de prudence timorée. — La nécessité d'examiner les divers emplacements dont il avait été question pour y établir le nouvel Hôtel-de-Ville (1), étude délicate et dont nous pouvons apprécier toutes les difficultés parce que nous avons vu se passer en 1877, fournirent aux magistrats un excellent

---

(1) N'est-il pas piquant de constater qu'à un siècle de distance, les mêmes emplacements ont été proposés et discutés.

prétexte à traîner les choses en longueur. L'intendant eût désiré que la maison commune fût construite entre l'ancienne place Montmailler et la Poste-aux-Chevaux, près du débouché, sur la place Dauphine, du boulevard actuel de la Poste. Le corps du commerce et une assemblée de ville du 17 décembre 1784 se prononcèrent contre ce projet ; on alléguait que le local était trop étroit, trop éloigné du centre de la ville, enfin que les fondations, devant être établies dans les anciens fossés, entraîneraient de trop grandes dépenses. Trois autres emplacements furent proposés : l'un place Dauphine, l'autre, place Tourny, le troisième à l'extrémité de la Promenade. Aucun ne réunit les suffrages : on se décida enfin pour une position offrant presque tous les inconvénients reprochés aux projets qu'on avait écartés. Le 6 décembre 1785, il fut arrêté que le nouvel Hôtel-de-Ville serait construit sur le cours de la Pyramide. le long de la place Fitz-James, à peu près entre les deux escaliers qui accèdent aujourd'hui à la place Royale. Un an plus tard (5 décembre 1786), l'immeuble de la rue du Consulat fut vendu à M. Farne, imprimeur, au prix de 16,000 livres, et dès l'année suivante, on commença les fouilles nécessaires pour la construction du nouvel édifice, dont l'ingénieur Dumont avait dressé le projet. Le corps du commerce, qui tenait à rester l'hôte des consuls, avait promis de contribuer à la dépense pour 20,000 livres ; l'Election, que l'incendie de la rue des Combes, en 1715, avait privée d'une partie de son installation, offrait d'en verser 16,000 (plus tard 12,000 seulement), à la condition qu'un local convenable lui serait réservé dans le futur Hôtel-de-Ville. Ce fut M. Alluaud qui obtint l'entreprise des travaux. En attendant, le corps municipal loua, moyennant 300 livres, pour tenir ses réunions et installer provisoirement ses bureaux, la maison Daucourt, sise au haut de la rue du Temple, n° 27 ou peut-être 21 actuel, côté de la rue du Consulat, auprès de la rue Ferrerie. Le tribunal de Commerce alla, de son côté, tenir ses audiences dans une maison formant le coin de la rue Montant-Manigne et de la rue des Pousses.

Au commencement de janvier 1789, les travaux, pour lesquels des à-compte s'élevant à 22,000 livres avaient été déjà versés à l'entrepreneur, se trouvaient suspendus ; on devait encore à M. Alluaud 44,000 livres sur le prix fixé en principe et il fallait y ajouter 6,000 l. pour les fondations qui, à cause de la nature du terrain et de l'eau qu'on avait trouvée en abondance, avaient coûté beaucoup plus que la somme prévue au devis. On décida que, pour faire face à ces dépenses et à celles qu'entraînerait l'ouverture d'une rue projetée formant le prolongement de la rue du Clocher et aboutissant à l'Hôtel-de-Ville, on solliciterait l'autorisation de contracter un emprunt de 60,000 livres. L'emprunt fut réalisé ;

mais la crise des subsistances obligea la ville à en affecter le produit à des achats de grains. En 1791, la municipalité, à bout de ressources, en face d'un déficit qui augmentait chaque jour, dut abandonner tout projet de construction, et pressée de liquider la situation et de réaliser quelque argent, vendit à l'entrepreneur le bâtiment alors en voie de complète édification. On le couvrit un peu plus tard, sans le terminer et on l'a vu servir successivement d'auberge, d'école primaire, de caserne, enfin disparaître, en 1863, lors du remaniement de la place Royale.

Le corps municipal ne resta pas longtemps dans la maison Daucourt, dont l'aménagement laissait à désirer et dont les abords étaient tout aussi incommodes que ceux de l'ancien Hôtel-de-Ville. Dès 1791, nous voyons les administrateurs de la Commune installés dans l'ancienne Intendance, à côté de ceux du Département. C'est là que les trouvent l'émeute du 27 février 1792, qui achève la défaite du parti constitutionnel à Limoges, et celle du 16 décembre suivant, où la foule arrache aux corps constitués un ordre d'arrestation contre les suspects désignés par le club. La place du Département, aujourd'hui de la Préfecture, devient le théâtre de toutes les manifestations successives organisées par quelques agitateurs, presque tous inspirés par des haines ou des intérêts privés, — manifestations qui réussissent à mettre la ville, son administration, ses finances, la fortune et la personne des citoyens à la merci d'une douzaine d'intrigants ou d'énergumènes.

Quand la Révolution, lassée de ses propres excès, eut remplacé la tyrannie des Jacobins par le gouvernement chancelant et incertain du Directoire, les administrations furent réorganisées et l'on songea bientôt à donner, comme autrefois, un siège distinct à chacune. En l'an VIII, la municipalité afferma, par un contrat du 15 floréal, reçu Bardy, notaire, pour une période de cinq années et moyennant 600 fr. par an, une maison sise place Saint-Gérald, qui avait jadis servi de couvent aux chanoines réguliers de la Congrégation de France. La ville se décida à s'installer définitivement dans cet immeuble et l'acheta le 13 messidor an XI, de M. Jean-Baptiste Guibert, ancien commissaire des guerres. Le prix du bâtiment et des jardins qui en dépendaient était fixé à 27,648 fr.; mais comme cette somme était payable en cinq pactes avec les intérêts, la Commune versa au vendeur une somme totale de 29,780 fr. 10 c. Cette acquisition avait été autorisée par une loi du 17 floréal an XI. — Une partie des jardins furent cédés à l'Etat par la Commune, en 1818 et 1826, pour l'établissement des écuries de la caserne de cavalerie installée dans l'ancien séminaire des Ordinands.

L'Hôtel-de-Ville de la place Saint-Gérald (laquelle prit bientôt le nom de place de la Mairie), était orné d'un clocheton assez mesquin que n'ébranlèrent jamais les volées d'aucune cloche. On y plaça un vieux « Jacquemart » chargé de sonner ou plutôt de frapper l'heure officielle. Celui-ci fut remplacé, quand le temps l'eût mis absolument hors de service, par une horloge (1) d'une simplicité toute démocratique, mais présentant deux cadrans, l'un du côté de la place, l'autre du côté de la caserne : on avait ainsi l'heure civile et l'heure militaire ; on a prétendu que l'une et l'autre ne s'accordaient pas toujours. Le bâtiment principal était dans l'origine flanqué de deux pavillons, l'un servant à remiser « les corbillards, les canons, le char à bancs des pompiers et les outils des agents des travaux » ; l'autre renfermant le corps de garde, la prison municipale ou *violon,* les pompes, les tonneaux et accessoires du service de secours contre l'incendie. Le premier de ces pavillons disparut en 1838.

Tout le monde se rappelle cette pauvre maison commune, ses soubassements obscurs, son rez-de-chaussée toujours encombré, sa grande salle incommode, occupée presque tout entière par une large table à tapis vert et servant à toutes les assemblées. réunions du conseil, adjudications, mariages, réceptions, conférences, commissions, séances de la caisse d'épargne ; ce premier étage, auquel on accédait par un escalier introuvable ; ce grenier où pourrissait ce qu'on avait bien voulu ne pas voler des archives municipales ; cette annexe sans caractère, construite en 1838 et 1839, pour abriter les bureaux de la police, *le violon* et le prétoire de la justice de paix et pour remplacer les deux pavillons dont l'un était enlevé par le remaniement de la rue de la Caserne et de la place, et l'autre jugé insuffisant (le projet comportait deux annexes) ; ce perron à double escalier du haut duquel, en 1814, en 1815, en 1830, en 1832, en 1834, en 1848, en 1851, en 1870, en 1871, tant de sottises ont été débitées ; cette petite cour, véritable préau de prison. qui s'étendait devant *l'édifice* avant le remaniement de la place, et au coin de laquelle, à droite, du côté de l'allée de la caserne, se trouvait. avant 1864, le poste de la garde nationale qui vit, le 27 avril 1848, la milice citoyenne rendre au peuple ses armes à la voix de son colonel ; et le petit jardin qui séparait la mairie des cours de la caserne, et qui eût pu être agréable si on l'eût entretenu et si l'odeur des fumiers, trop voisins, n'eût remplacé depuis longtemps le parfum des fleurs absentes ; — tout cela d'aspect plus que

---

(1) Cette horloge a été donnée au Lycée. En 1851, le portail et la grille de l'Hôtel-de-Ville avaient été réservés pour être employés dans une construction communale : ils ont été placés à l'école des Feuillants, croyons-nous.

modeste : vulgaire, pauvre, indigne d'une cité ayant un passé communal et artistique comme le nôtre et possédant une population de plus de 60.000 habitants.

Aussi la municipalité de Limoges ne se montrait-elle pas très fière de son installation et songeait-elle sérieusement à transférer ailleurs le siége de l'administration communale; mais les dépenses que devait entraîner la construction d'un nouvel hôtel et qu'on évaluait déjà à 2 ou 300.000 francs, un peu plus tard à 500.000, effrayaient les membres du conseil municipal. En 1838 ceux-ci s'occupèrent dans plusieurs séances de ce projet; on avait fait choix d'un emplacement dépendant de l'ancien hôtel des Monnaies et sur lequel on aurait édifié la nouvelle mairie, avec sa principale façade sur la place Royale, parallèle au théâtre. Bien que l'exécution de ce plan fût dès lors ajournée à cause de l'insuffisance des ressources (rapport du colonel Brousseaud à la séance du 26 mai), il est permis de penser que cette perspective ne fut pas étrangère à l'acquisition par la ville de l'hôtel des Monnaies, que l'Etat lui vendit 49,480 francs, vers la même époque. En 1841, on put croire un instant que le projet allait aboutir. Le ministère de la guerre voulait agrandir la caserne de cavalerie. La commune offrit de lui céder la mairie, et d'acheter, pour les mettre à sa disposition, le jardin botanique de l'hôpital de et les bâtiments de la Maternité. Cette proposition retirée, puis formulée de nouveau, était subordonnée à l'exécution d'une façade monumentale sur la place. On doit regretter que le Gouvernement n'ait pas cru devoir y donner suite.

La succession laissée par M. Fournier à la ville permit enfin à nos administrateurs de mettre à exécution un projet qu'ils caressaient depuis longtemps. Soyons juste : ils n'étaient pas seuls à rêver une plus confortable demeure. Tous ceux des habitants de Limoges qui ont un peu de souci de la bonne installation des services municipaux et de l'honneur de la ville, applaudirent à la délibération par laquelle, le 1er décembre 1875, le conseil municipal décida que le produit de la libéralité inattendue de M. Fournier serait employé à édifier une mairie. On sut gré aussi au Maire, M. Pénicaud, de l'activité avec laquelle il s'occupa de cette affaire. Les millions sont si peu de chose à présent et s'écoulent par tant de canaux à peine visibles — subventions, travaux inutiles ou mal conçus, fausses manœuvres, écoles fantastiques, souscriptions baroques, acquisitions sans mesure, bâtisses sans raison — à la grande rivière de la dépense ordinaire ou extraordinaire, générale ou spéciale, qu'on ne saurait trop vite les endiguer et les mettre en sûreté en leur donnant une affectation déterminée. On a critiqué la manœuvre à l'aide de laquelle la majorité de nos conseillers municipaux enleva un vote dont l'intérêt général, au dire des mauvaises langues, n'était pas l'unique mobile. Dans une piquante brochure, notre confrère Marc Peauger a fait avec esprit, avec malice, ressortir la modestie, la circonspection, la timidité des projets de nos administrateurs influents, tant que le choix de l'emplacement est resté en question ; puis la hardiesse de leurs conceptions et la libérale ampleur de leurs plans, ce point délicat une fois fixé. On aurait mauvaise grâce à retracer après lui ces piquantes scènes de nos mœurs municipales.

Le 18 avril 1878, l'ancienne mairie était abandonnée et on transférait les services communaux rue Basse-Croix-Neuve (aujourd'hui rue Turgot prolongée), dans l'hôtel de La Bastide, où le quartier général de la 21ᵉ division militaire était resté longtemps installé et qui avait été acquis, au mois d'août 1877, par la ville, en vertu d'une délibération du Conseil du 10 du même mois, au prix de 110,000 francs. Les aménagements faits en vue de cette translation ont été bien entendus, et cet état provisoire pourrait se prolonger longtemps sans inconvénients sérieux pour les intérêts du public. On compte, paraît-il, utiliser plus tard l'immeuble de La Bastide en y plaçant des écoles et la bibliothèque communale. L'établissement de cette dernière, sera sans doute précédé de l'acquisition d'une partie des petites constructions avoisinantes, et de l'isolement complet de l'immeuble du côté de la rue de Paris.

Nous ne parlerons pas ici avec détails du nouvel Hôtel-de-Ville. L'architecte a beaucoup sacrifié à la salle des fêtes, et les personnes qui l'y ont poussé nous semblent avoir eu tort. Dieu veuille qu'avec le temps cette erreur n'ait pas pour conséquence, dans la distribution intérieure de la mairie, un de ces remaniements toujours difficiles et coûteux, jamais complètement satisfaisants ! — A cela près et nos réserves faites sur la valeur illusoire d'un concours dont le projet couronné se double d'un devis deux ou trois fois supérieur au chiffre fixé pour la dépense ; sur l'importance exagérée donnée au premier étage, au détriment du rez-de-chaussée ; sur l'affreux rang de fenêtres carrées, — dirai-je de l'entresol ou du rez-de-chaussée ? — étranglées entre les larges baies qui s'ouvrent au-dessus d'elles, et les ouvertures des soubassements de proportions modestes, mais enfin raisonnables ; sur le singulier effet de la petite porte (un mauvais plaisant l'a déjà appelée : *porte de l'esprit*) qui émerge de la baie centrale, presque complètement aveuglée, — nous pouvons louer très franchement l'aspect monumental et élégant à la fois de notre future mairie, la noble ordonnance du bâtiment principal et l'effet pittoresque de sa haute toiture, surmontée du beffroi traditionnel, le dessin correct des deux pavillons qui l'encadrent, le bon goût et la sobriété de l'ornementation.

Ce devoir rempli, il ne nous reste qu'à former des vœux pour le prompt achèvement de notre Hôtel-de-Ville et pour ses heureuses destinées ! Puisse-t-il, nous le souhaitons de tout notre cœur, ne voir que de belles et glorieuses journées, de brillantes fêtes, de joyeux mariages, des assemblées cordiales et pacifiques et n'être témoin d'aucune de ces tristes scènes dont le souvenir assombrissait nos anciennes maisons communes ! Puisse-t-il n'entendre que des discussions courtoises, des rapports sérieux, des motions raisonnables, conçues en termes à peu près français et suivies de votes prudents, compétents, réfléchis ; n'ouvrir ses portes qu'à des administrateurs sages, probes, intelligents, instruits, libéraux, animés de la seule passion du bien public ! Puisse-t-il être autre chose qu'une école à l'usage des aspirants à la carrière politique qui veulent être dispensés des concours ! Puisse-t-il enfin durer longtemps, et épargner à nos budgets à venir les lourdes charges qu'entraîne, nous le saurons sous peu, la nouvelle installation d'une administration communale comme celle de Limoges.

Louis GUIBERT.

Limoges, Imp. Ve H. Ducourtieux, rue des Arènes, 7.

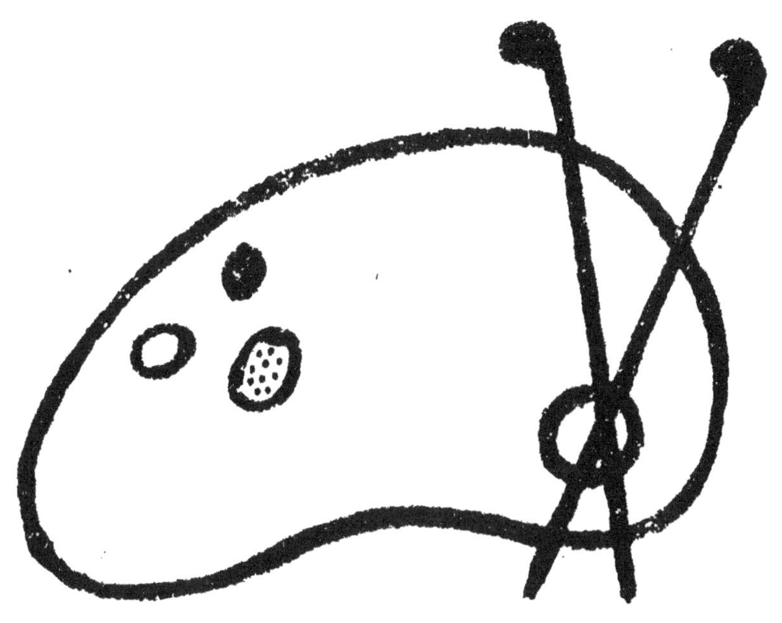

Original en couleur

NF Z 43-120-8

www.ingramcontent.com/pod-product-compliance
Lightning Source LLC
Chambersburg PA
CBHW061818060726
47597CB00008B/3260